FAITS POUR SURVIVRE

LES ALLIGATORS!

GRANDES DENTS, PRÉDATEURS FÉROCES

Alan Walker

Un livre de la collection
Les jeunes plantes de Crabtree

Crabtree Publishing
crabtreebooks.com

Table des matières

Blindés, puissants ET beaucoup de dents!

Les alligators sont des animaux à **sang froid** et sont recouverts d'une armure d'écailles osseuses appelées scutelles.

Les scutelles couvrent la partie supérieure d'un alligator. Le dessous d'un alligator est souple.

Les alligators sont
des **reptiles**.

Les alligators américains sont les plus grands reptiles aux États-Unis. Les mâles peuvent atteindre une longueur de 15 pieds (4,6 mètres). Les femelles ne deviennent pas aussi grandes.

Mesure ta chambre. Un alligator de 15 pieds (4,6 mètres) pourrait-il y entrer?

L'alligator utilise sa queue puissante pour nager et pour creuser des **terriers**.

Il peut utiliser sa queue pour se propulser hors de l’eau. Ses pattes sont courtes, mais il peut courir très vite.

L’alligator a cinq orteils aux pattes avant et quatre orteils palmés aux pattes arrière.

Si un alligator brise, perd ou use une de ses dents, une nouvelle poussera à sa place. L'alligator peut utiliser 3 000 dents au cours de sa vie!

Une énorme mâchoire dotée de 74 à 80 dents pointues donne à l'alligator une allure **féroce**. L'alligator ne mâche pas sa **proie**, il la déchiquette et la broie.

Les alligators avalent leur proie en gros morceaux — les os, les carapaces, les plumes et tout le reste.

Prédateurs d’embuscade

Les alligators sont des **prédateurs** d’embuscade. Ils rôdent silencieusement sur la terre ou dans l’eau, attendant que quelque chose passe suffisamment près d’eux pour qu’ils l’attrapent.

Les alligators peuvent nager en laissant seulement leurs narines et leurs yeux sortir de l'eau. Cela les rend presque invisibles pour les proies en dehors de l'eau.

Les poissons, les oiseaux, les tortues, les serpents et les petits **mammifères** sont tous au menu de l'alligator. Les alligators chassent parfois des mammifères plus gros comme le cerf.

La proie capturée sur la rive est emmenée dans l'eau et noyée avant d'être mangée.

Œufs et bébés alligators

Une femelle alligator pond habituellement de 35 à 50 œufs. Elle recouvre les œufs de boue, de branches et de feuilles et les protège jusqu'à leur éclosion.

Quand les bébés sont prêts à éclore, ils pépient.

La maman alligator prend soin de ses bébés jusqu'à deux ans. Elle les protège contre les oiseaux, les ratons laveurs, les serpents et les autres alligators.

Dès leur naissance, les bébés alligators peuvent attraper leur propre nourriture — habituellement des insectes, des grenouilles et des petits poissons.

Les dinosaures d'aujourd'hui

Les alligators américains vivent dans le sud des États-Unis, du Texas à la Caroline du Nord.

Ce sont des animaux d’eau douce, mais ils peuvent survivre pendant une courte période dans l’eau salée.

On peut trouver des alligators dans les rivières où le courant est lent, dans les marécages et dans les lacs.

Les dinosaures se sont **éteints** il y a 65 millions d'années, mais les alligators et les crocodiles ont survécu.

Alligators et crocodiles... quelle est la différence?

Les alligators ont un museau plus large que les crocodiles. Quand la bouche d'un alligator est fermée, ses dents inférieures sont cachées.

Les crocodiles ont un museau plus pointu. Quand la bouche d'un crocodile est fermée, tu peux voir quatre dents latérales inférieures sortir.

Les scientifiques croient que les espèces d'alligators et de crocodiles vivent sur la Terre depuis plus de 200 millions d'années.

Glossaire

éteints (é-tin) : Complètement disparus

féroce (fé-ross) : Très farouche et dangereux

mammifères (ma-mi-fèr) : Animaux à sang chaud; Les femelles donnent naissance à des bébés et produisent du lait.

prédateurs (pré-da-teur) : Animaux qui chassent d'autres animaux

proie (proa) : Animaux chassés et mangés par d'autres animaux

reptiles (rep-til) : Animaux à sang froid qui ont une peau sèche et écailleuse; Les femelles reptiles pondent des œufs

sang froid (san froa) : Les animaux à sang froid utilisent leur milieu pour changer la température de leur corps.

terriers (tè-rié) : Des tunnels ou des trous dans le sol creusés ou utilisés par les animaux

Indice

Soutien de l'école à la maison pour les parents, les gardiens et les enseignants

Ce livre aide les enfants à se développer grâce à la pratique de la lecture. Voici quelques exemples de questions pour aider le lecteur ou la lectrice à développer ses capacités de compréhension. Les suggestions de réponses sont indiquées en rouge.

Avant la lecture

- **De quoi ce livre parle-t-il?** *Je pense que ce livre parle des alligators et de leurs grandes dents. Je pense que ce livre explique comment les alligators chassent leur nourriture.*
- **Qu'est-ce que je veux apprendre sur ce sujet?** *Je veux savoir où vivent les alligators. Je veux apprendre quoi faire si je vois un alligator.*

Pendant la lecture

- **Je me demande pourquoi...** *Je me demande pourquoi les alligators existent depuis si longtemps. Je me demande pourquoi les femelles alligators pondent un si grand nombre d'œufs à la fois.*
- **Qu'est-ce que j'ai appris jusqu'à présent?** *J'ai appris que les alligators peuvent nager en laissant seulement leurs narines et leurs yeux sortir de l'eau. J'ai appris que les alligators mâles peuvent atteindre une longueur de 15 pieds (4,6 mètres).*

Après la lecture

- **Nomme quelques détails que tu as retenus.** *J'ai appris que si un alligator perd une dent, une nouvelle dent pousse à sa place. J'ai appris qu'un alligator peut avoir 3 000 dents dans sa vie.*
- **Lis le livre à nouveau et cherche les mots du glossaire.** *Je vois le mot **terriers** à la page 8 et le mot **féroce** à la page 11. Les autres mots du glossaire se trouvent à la page 23.*

Crabtree Publishing

crabtreebooks.com 800-387-7650

Version imprimée du livre produite conjointement avec Blue Door Education en 2022.

Auteur : Alan Walker
Traduction : Annie Evearts

Imprimé au Canada/032024/CPC20240301

Références photographiques : www.shutterstock.com; www.istock.com. Couverture et pages 10-11 © Sorbis; page de titre : shutterstock.com/ RGL Photography.sidebar art © German Bogomaz ; p. 4-5 © chloe7992; p. 6-7 et alligator p. 22 © picturin; p. 8-9 © Andy Lidstone; p. 12-13 © Don Mammoser; p. 14-15 © Arto Hakola; p. 16-17 © Heiko Kiera; p. 18-19 © Leenvdb; p. 20-21 © Sorbis; crocodile p. 22 © Dave Carroll

Publié au Canada par Crabtree Publishing
616 Welland Avenue
St. Catharines, Ontario
L2M 5V6

Publié aux États-Unis par Crabtree Publishing
347 Fifth Avenue
Suite 1402-145
New York, NY 10016

Paperback 978-1-0396-0814-6
Ebook (pdf) 978-1-0396-0820-7
Epub 978-1-0396-0826-9
Read-along 978-1-0398-0328-2
Audio book 978-1-0396-6659-7

Catalogage avant publication de Bibliothèque et Archives Canada
Titre: Les alligators! : grandes dents, prédateurs féroces / Alan Walker ; texte français d'Annie Evearts.
Autres titres: Alligators! Big Teeth, Fierce Hunters. Français.
Noms: Walker, Alan (Écrivain pour la jeunesse), auteur.
Description: Mention de collection: Faits pour survivre | Les jeunes plantes de Crabtree | Traduction de : Alligators! | Comprend un index.
Identifiants: Canadiana (livre imprimé) 20210262885 | Canadiana (livre numérique) 20210262915 | ISBN 9781039608146 (couverture souple) | ISBN 9781039608207 (HTML) | ISBN 9781039608269 (EPUB)
Vedettes-matière: RVM: Alligators—Ouvrages pour la jeunesse. | RVM: Animaux—Armes—Ouvrages pour la jeunesse. | RVMGF: Documents pour la jeunesse.
Classification: LCC QL666.C925 W3514 2022 | CDD j597.98—dc23